일상에 마음챙김을

필요로 하는 .... 에게

.... 드림

마음챙김의
순간

Mindful Moments

마음챙김의 순간

몸과 영혼 그리고 영혼을 풍요롭게 하는
디팩 초프라의 문장들

디팩 초프라 글
코코리나 일러스트
정윤희 옮김

RHK
알에이치코리아

깊이 호흡하라-

현실reality은
의식의 상태에 따라
제각기 달라진다.
현실을
바로잡으려면
먼저 내면을
들여다보라.

나의 고요함 속에서
나는 무한한 가능성이 된다.
나의 움직임 속에서
나는 하나의 우주cosmos가 된다.

무한한 존재는
그 자체로 무한한 사랑이다.

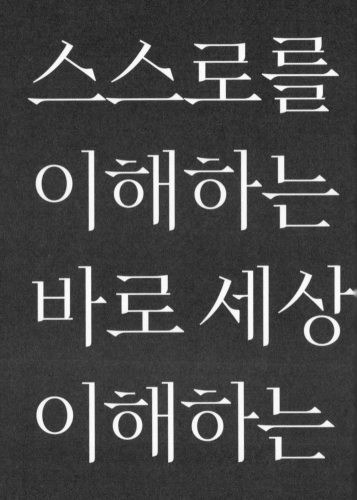

스스로를
이해하는
바로 세상
이해하는

이

쇠다.

우리의 살갗 너머에 존재하는 세상 역시
살갗 안쪽의 세상과 마찬가지로 나의 일부다.
개인적인 육신과 우주적 육신은
모두 스스로에게 속한 것이다.

우리 육체에 의식의 중심이란 존재치 않는다.
왜냐하면 의식이 육체에 깃든 것이 아니라
육체가 의식 안에 깃들어 있기 때문이다.

감사함은
의식의
충만함이다.

목적 속에
사랑과 초연함이
더해지면
가장 비현실적인 것조차
가능해지게 마련이다.

각각의 단어들은
허공으로 흩어지는 소음이다.
의식은 그 소음에
생명을 불어넣는다.

셀 수 없이 많은 이름과
형태가 존재하지만,
실재reality는 오직 하나뿐이다.

모든 예측 불가능함과
예상치 못함을 포용하라.
무한한 창조성으로 가는 길이 열릴 것이다.

무한한 에너지를 얻고자 한다면
무한함에 집중해야 한다.

지복至福,
의식
그리고 사랑은
존재의
정수와도 같다.

기쁨, 환희
그리고
무한한 사랑은
조건 없는 마음의
가장 자연적인
상태다.

인식은 몸과 마음을 깨우고,
통제하고, 유지하는 역할을 한다.
그러니 이를 방해하지 않고
가만히 내버려두기만 하면 된다.

개개인의 소망은
우주 전체가 세상 밖으로 드러내고자 하는 것과
다르지 않다.

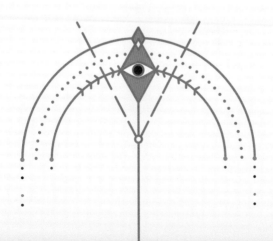

우리의 몸을 포함해
흔히 '세상world'이라고 부르는 모든 것은
의식 안에 담긴 느낌과 이미지, 감정 그리고 생각이다.

———————

우리의 몸을 찬찬히 살필 때
우리의 지난 과거가 눈앞에 펼쳐지게 된다.

무언가를 사랑하고
또 사랑받는 것이야말로
우리 존재의
가장 자연스럽고
자발적인 표출이다.

사랑은
최고로 고양된
지성의 표현이다.

우리가 '외부'라고 인식하는 모든 것은
실은 나의 내면에 존재하는 감각, 감정, 이미지, 생각이다.
그리고 '나'라는 존재는
어느 곳에도 고정되어 있지 않다.

관찰자는 시공간 어디에도 머무르지 않는다.
내부와 외부, 그 어떤 개념도 적용할 수 없다.

중독이란 더 이상 원치 않는 것을
충분히 얻지 못한 상태다.
이제는 고통만 남은 쾌락의 기억에
코를 꿰인 것이다.

두려움은 고통에 대한 기억이며
중독은 쾌락에 대한 기억이다.
자유는 그 모두를 넘어서는 것이다.

자신의 정체성을
존재의
심연innermost being에서
찾는 것이야말로
나의 완벽함을
보여주는
확실한 방법이다.

오직

무한함뿐이다.

습관적으로 확실하다고
생각하던 것들을 버리면
창의성의 문이 활짝 열린다.

틀 밖에 무엇이 있을지 고민하지 말고
그 틀을 과감히 치워버려라.

의식은
우리 몸의 모든 세포와
우주를 이루는
모든 입자 속에
존재하고 있다.

우리가 굳이 생각하지 않더라도 지금 이 순간은 마땅히 존재할 것이다.
당신이 이름표를 붙이기 전까지 이 순간은 영원하다.

———

지금이라는 시간은 엄청난 힘을 가진다.
지금 이 순간에 존재하라.

모든 경험은
육체와 영혼을 아우르는,
하나의 몸마음bodymind을
저마다 창조한다.
나는 유년기와
청소년기를
각기 다른 몸과 마음으로
경험한 바 있다.

딱딱한 논리 너머에
시詩가 있다.
아름다운 시 너머에
음악이 있다.
음악 너머에
춤이 있다.
춤 너머에는
그저 사랑뿐이다.

순수 의식은
의미 있는 우연과 동시성의 근원이다.

순수 의식 속에 가만히 머물면서
동시성이 서서히 펼쳐지는 것을 보고 있으면
'신에게 복종한다'는 말이
완전히 새로운 의미를 띄게 된다.

우주는 고요하고 추상적이며
수학적으로 완벽한 조화에 발맞추어
우주적 심성 안에서 춤을 춘다.

———————

물리 법칙은 우리를 위해 미세하고 정교하게 조정되어
우리가 세상에 존재할 수 있도록 해주며,
나아가 스스로 이러한 법칙을 발견할 수 있도록 해준다.

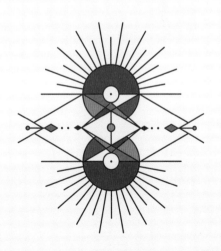

과거와 미래는
지금 바로 나 자신이
창조하는 것이다.

우리의 감각은
뇌를 향해 전기적 신호를
전달한다.
우리의 의식은
그 정보를 물질적 우주로
변환한다.

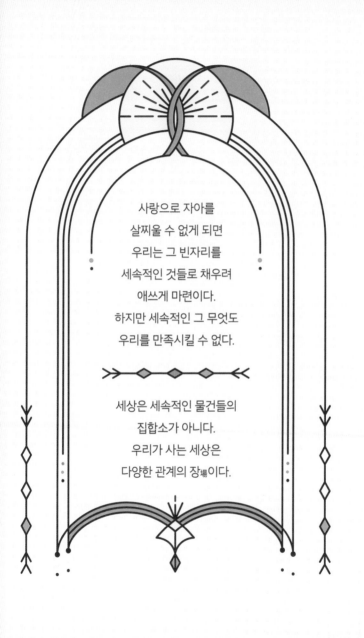

사랑으로 자아를
살찌울 수 없게 되면
우리는 그 빈자리를
세속적인 것들로 채우려
애쓰게 마련이다.
하지만 세속적인 그 무엇도
우리를 만족시킬 수 없다.

세상은 세속적인 물건들의
집합소가 아니다.
우리가 사는 세상은
다양한 관계의 장場이다.

모든 형체는 잠재적 형체의 무색계formless realm,
즉 우주의 근원이자 자원으로부터 생겨난다.

사랑, 연민, 기쁨,
평정平正, 상상력,
그리고 창조력으로
이뤄지는 인생은
과학만으로
그 수치를
가늠할 수 없다.

인간이 몸과 마음 그리고 영혼을 가지고 있듯
우주도 물리적이고 정신적이고 의식적인 요소를 가진다.

인간은 자연히 늙어가지 않는다.
스스로 성장하기를 멈추었을 때
비로소 늙기 시작한다.

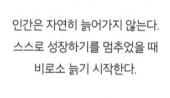

자아에 대한 우리의 감각이
세상을 향한 우리의 경험을 결정한다.

깨우침이 내가 ㅇ

보여주지는 않는

다만 무엇을

과감히 버렸는지

나와 무관한 것을

사람인지

통해

분하게 한다.

사랑은
하나의 존재가
보여주는
다양한 얼굴의
경험과
지식이다.

원자는 잠재력의 파도 속에서 사라진다.
파도는 실재의 원자들 속에서 태어난다.
그렇게 우주는 영원히 환생을 거듭한다.

우리의 물리적 형상은
소망의 파도에서 만들어졌다.
소망은 세상에 모습을 드러내고자 애쓰는
순수한 잠재력이다.

파도가 거대한 바다 전체의 움직임인 것처럼
당신 또한 우주cosmos의 에너지다.

스스로의 힘을 과소평가하지 말라.
우리 내면의 잠재력과 우주의 잠재력은
같은 영역에 존재한다.
파도와 바다가 하나인 것처럼,
우리와 우주는 같은 영역에 있다.

우리의 몸과 마음
그리고 영혼이
조화를 이룰 때
진정한 기쁨과 에너지,
평온함과 기민함,
존재의 가벼움을
경험하게 된다.

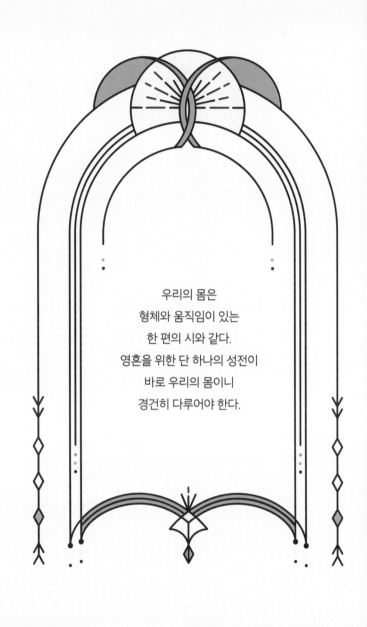

우리의 몸은
형체와 움직임이 있는
한 편의 시와 같다.
영혼을 위한 단 하나의 성전이
바로 우리의 몸이니
경건히 다루어야 한다.

우리는

춤추는 우주다.

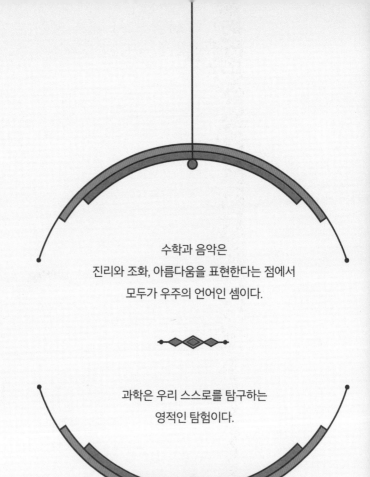

수학과 음악은
진리와 조화, 아름다움을 표현한다는 점에서
모두가 우주의 언어인 셈이다.

과학은 우리 스스로를 탐구하는
영적인 탐험이다.

우리가
세상에 행함이
바로 우리 스스로에게
행함과 같다.
과학이
객관적인 세계objective world를
우리와 동떨어진 것으로
여긴다면
위험할 수 있다.

동시성,
유의미한 우연,
행운 그리고
우주의 창의적 응답은
모두 은총과
동일한 용어다.

겸손과 경외, 경이로움 그리고 기쁨은
시냅스 연결망 안에서 벌어지는
전기화학적 현상일 뿐 아니라
순수한 영혼의 자질이다.

이 세상 그 무엇도 존재하기를 멈추지 않는다.
죽음 역시 또 다른 창조적인 도약이 시작되기 전까지
잠재적인 영역 안에 잠시 머무르는 것에 불과하다.

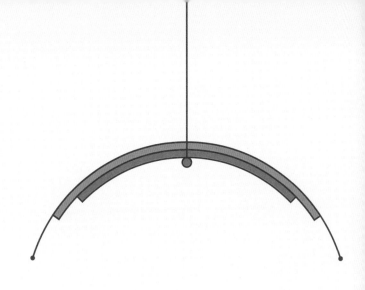

자기 인식은 우주적 의식으로 향하는 창이다.

영성의 가장
단순한 정의는 바로
자기 인식이다.

우리에게 주어진 모든 순간은
길 위에 자국처럼 남는다.
그 길이 이어져
마침내 우리의 미래를 만든다.
바로 그것이 두려움을 극복하고
사랑을 택해야 하는 이유다.

논리와 합리성은
과학의 정신을 대표하는 언어다.
사랑과 지혜는 영혼이 그려낸
한 편의 아름다운 시다.

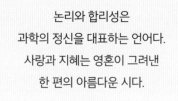

만약 당신이 마주하는 현실이
오직 이성적인 것으로 가득 차 감정이나
비이성적인 것이 들어설 공간이 없어지면
당신의 인간성은
불완전해지고 말 것이다.

사랑이란
영혼이 서로
교감할 수 있게 하는
인식의 자질이다.

당신이 과거에 쌓은 카르마 혹은
수많은 선택이 현재라는 상황을 만들었다.
지금 우리가 어떤 선택을 할 것인가는
오로지 자유 의지에 달려있다.
스스로 선택을 행하는 나 자신을 똑바로 보는 것이
카르마로부터 자유를 얻는 시작점이다.

즐거움과 고통이라는 강둑 사이로
인생의 강이 굽이치고 있다.
중요한 것은 그 강이 그저 흘러가도록 내버려두는 것이다.

경제적 풍요를 위해 오늘 나의 건강을 희생한다면
내일은 건강을 되찾기 위해
내가 가진 부를 희생하게 될 것이다.

미래를 위해 현재를 희생하기로 마음먹는다면
절대로 인생을 온전히 즐길 수 없을 것이다.
미래가 찾아왔을 때는
이미 현재라는 시간을 놓쳐버린 후이기 때문이다.

지금 이 순간 완벽히 깨어있다는 말은
인생 최고의 순간이 과거도 미래도 아닌
현재라는 의미다.

인간의 의식은
복잡한 혼돈chaos을 질서정연한 우주cosmos로
바꾸어주는 체계적인 원칙이다.

우리가 보는
모든 것을
온전히 의식하게
하는 것이
바로 사랑이다.

인간과 우주가
현재에도
끝없이 변화하며
존재한다는 사실만으로도
신이라는 존재는
상상조차 하기 힘든
진실인 셈이다.

나 AM는 하나의 의식과
하나의 영혼 속에 존재하는
모든 몸과 마음이다.

우리 존재의 정수는 바로
영원히 사라지지 않는 가능성이다.

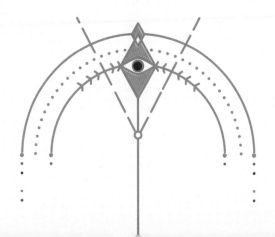

최소 노력의 법칙이란 이런 것이다.

"적게 하고 더 많이 이루라"

그 후에는 다음의 법칙으로 나아가라.

"아무것도 하지 않고 모든 것을 이루라"

최소 노력의 법칙은

선택 없는 알아차림choiceless awareness을 통해 작동하며,

약간의 의도가 더해져 마침내

동시성으로 이어지게 된다.

영적 경험은
초월, 사랑,
연민, 겸손,
삶에 대한 숭배
그리고 죽음에 대한
두려움의 감소까지
모두를 아우르는
값진 것이다.

우리의 선조는
육체에서 일어나는
유전학적 활동처럼
우리 몸 곳곳의
세포 속에 함께
숨 쉬고 있다.

모든 씨앗에는 수천 그루의 나무가
싹을 틔우리라는 희망이 담겨 있다.
마찬가지로 우리가 품는 모든 소망은
수천 가지의 것을 세상에 내보일 수 있는
소중한 씨앗이다.

나 자신이 어떤 선택지를 고르는지 인지할 때
비로소 깨달음의 과정이 시작된다.

존재의 기반은
정적인 공허inert emptiness의 상태가 아니라
모든 창조물을 하나의 전체로 연결하는 역동적인 장이다.

인류 진화에서 일어나는 무작위적인 돌연변이 현상은
불확정성의 원리quantum uncertainty를 연상시킨다.
이처럼 극도의 혼란 너머에는
창조적인 조직화 원리가 존재하는 법이다.

우리 신체의
감각과 느낌은
직관으로 가기 위한
귀한 열쇠다.

'나'라는 생
고통이 시

'우리'라는
행복이 시

에서

킨다.

각에서

킨다.

탐스러운 과일이 영글기까지는 오랜 시간이 걸리지만
떨어지는 것은 순식간이다.
깨우침도 비슷한 과정을 겪는다.
오랜 준비의 시간을 거쳐야만 진정한 깨달음에 이를 수 있다.

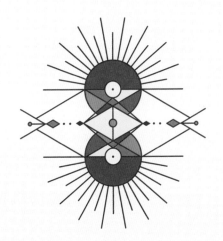

우리는 우주의 눈이며
그런 자신을 바라보고 있는 존재다.

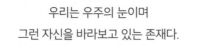

단지 그 사실을 머릿속에 새겨둘 때
이 모든 노력이 깨달음이 된다.

어떤 상황이 닥치든
언제나 선택의 여지는 있다.

직관이 무엇인지 정확히 인지하기 전까지는
직관을 절대 과신해서는 안 된다.
바로 그 지점에 자존감이 깃든다.

우리에게 벌어지는
모든 사건은
무수한 이유로 촉발되어
무수한 결과를 불러온다.
갖가지 사건과 사물은
쉼 없이 움직이는 우주를
포착한 사진과 같다.

여러 광기들 중
가장 온전한 광기는
오직 사랑을 향한
도취뿐이다.

소심하게 굴지 말라.
당신은 살아 숨 쉬는 신성함 그 자체다.

세상을 나의 것으로 만들고 싶다면
언제나 모든 상황에서
무한한 가능성을 찾으려 노력하라.

모든 경계는 그저 개념에 지나지 않는다.

우주universe는 외부로는 거대한 천체계cosmos를 향해,

내부로는 원자를 향해 경계 없이 연결되어 있다.

조화롭게 생각하고,

포괄적으로 소통하며, 세심하게 행동하되

지구적이고 우주적인 영향력을 발휘하라.

살아있다는 것은
현재에 머물며
의식이 깨어있음을
의미한다.
그것이 가능해지면
매 순간의 호흡 하나하나가
축복이고
반짝이는 기적이
될 것이다.

수태의 순간,
당신은 몸도 뇌도 없었지만
의식만은 존재했다.

사방이 거울로 된 복도에 서면
멀리까지 한눈에 볼 수 있다.
온갖 사악한 존재와 장애물, 고통은
다름 아닌 가면을 쓰고 변장한 나 자신이다.

인간관계라는 복잡한 거울을 통해
나 자신의 모습을 볼 수 있다.

우리는 우주의 활동이며,
우리 행동의 대부분은 불가지不可知하다.
이를 살펴보기 위해 우주 바깥으로 나갈 수도 없다.

눈으로 볼 수 있는 만물의 뿌리는
무형의 보이지 않는 곳에서부터 시작된다.

사랑 안에 살고,
사랑으로 호흡하고,
사랑을 경험하고,
그 자체로 거듭난다면
사랑 그 자체는
모든 경계를 넘어서는
종교가 될 수 있다.

알아차림과
자비심은
우리가 느끼는
모든 고통을 치유한다.

———

인식이
자유를 얻을 때
우주 전체가
실은 나의 육체임을
깨닫게 된다.

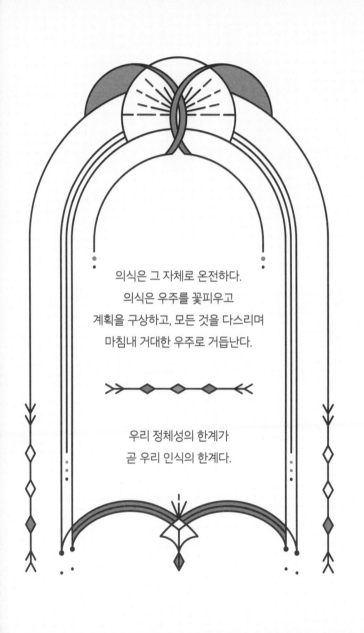

의식은 그 자체로 온전하다.
의식은 우주를 꽃피우고
계획을 구상하고, 모든 것을 다스리며
마침내 거대한 우주로 거듭난다.

우리 정체성의 한계가
곧 우리 인식의 한계다.

자아에 대한 감각이 더욱 보편적이고
우주적일수록 우리의 세상은 더욱더 방대해진다.

세상은 언제나 우리라는 존재를 투영한 모습이다.
우주적 인식으로 나의 자아를 확장하는 것이
진정한 깨우침이다.

인식은
정신과 육체
그리고 우주들이
거대한 바다 위로
출렁대는 파도처럼
서서히 나타났다
사라지는 장場이다.

영성은
작위적인 기분이나
행위가 아니라
그저 단순하고
꾸밈없는
인류애다.

우리가 찾으려 애쓰는 것은
바로 무언가를 찾고 있는 우리 자신이다.

자신의 마음을 오롯이 들여다본 사람이야말로
마음을 온전히 이해할 수 있다.

평화는 진정한 평화를 누리는
이들에 의해서만 만들어질 수 있고,
사랑 역시 진정한 사랑을 해본 사람들만이 할 수 있다.

우리가 온몸으로 항상 인식하는 것은
우리 자신의 의식의 특성이다.
우리가 살아가는 세상은
바로 우리 자신의 모습 그 자체다.

집단적
정신이상에 대한
단 하나의
온전한 응답은
조건 없는
사랑이다.

은하계와 우주는 무에서 생겨났다가
모두 무로 사라지며
이를 가능케 하는 신은 무한한 잠재력을 가진 존재다.

신만이 유일하다.
그 밖의 모든 것은 신의 나타남과 사라짐에 따라
변화무쌍하다.

사랑은
만물을 관통하는
궁극적 진리다.

존재의 가벼움,

<u>흐름</u>

그리고 기쁨은

본디 존재하지 않았던 것을

온전히 놓아주어야만

얻을 수 있는

산물이다.

인생의 주인은
두뇌나 신체가 아닌 바로 나 자신이다.

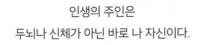

의지와 소망은
두뇌의 물질적인 관점을 뒤바꾸어 준다.

신경 세포와 유전자는
나의 선택에 따라
꺼졌다가 켜지기를 반복한다.

의식을 되찾는다는 것은
온전히 내 의지에 따라
선택할 수 있는 힘을 되찾는 것과 다름없다.

화가 난 사람들은
고함치고,
사랑에 빠진 사람들은
속삭이지만,
사랑 그 자체에
이른 사람들은
침묵한다.

우리 모두
한마음을
존재다.

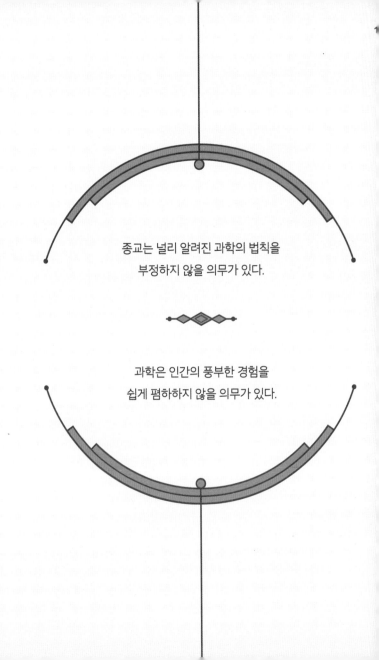

종교는 널리 알려진 과학의 법칙을
부정하지 않을 의무가 있다.

과학은 인간의 풍부한 경험을
쉽게 폄하하지 않을 의무가 있다.

순진한 아이가 되라.
모든 걸 놓아버리고
자연의 리듬이 나를
부드럽게 감싸도록 하라.
그러면 우주가 어디든
당신이 꿈꾸는 곳으로
데려다 줄 것이다.

나의 결정이
정말 올바른가에 대해
지나치게 집착하고 있다면,
그 결정에 따라
우주가 보상 혹은 질책을
할지 모른다는 잘못된
추측을 하고 있기 때문이다.

원자는 순수한 잠재력을 지닌
진공의 틈새에서 생겨난다.
생각은 순수한 의식 그 자체인
진공의 틈새에서 피어오른다.

우리는 세상에 존재하는 모든 것들로부터
추진력을 받아 우주 사방으로 서서히 싹을 틔우는
새로운 생명의 불꽃이다.

당신의 참자아 true self 는
이 세상을 만천하게
드러나도록 이끄는
인식의 빛이다.

정신적인 작용은
현실reality을 뒤바꾼다.

인간은 우주를 눈에
드러나게 만든다.

우주에는 일정한 논제가 존재하지 않는다.
일단 우리가 어떤 결정을 내리고 나면
온 우주가 그에 따라 움직이게 마련이다.
정답도 오답도 존재치 않으며
그저 우리가 경험한 바에 따른 각자의 생각, 감정 그리고
행동에 따라 변화하는 일련의 가능성만이 존재할 따름이다.

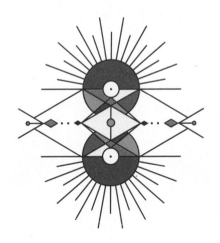

단순히 나쁜 일이 멈추기를
바라는 것만으로는 충분치 않다.
반드시 낡은 것을 대신할 새로운 무언가를
제시하려는 의지가 동반되어야 한다.

마음속 깊은 곳에서 피어난 의지가 동반되면,
목표 달성을 위한 길이 활짝 열린다.

우리가 경험하는 세상은
집합적 의식 속에 투사된 이미지와 같다.

의식은 우주적이고
시각은 개인적이다.

마음은 절대
잠드는 법이 없다.
심지어 몸이 깊이
잠들어 있는 시간에도,
마음은
창의적 해법을
고안해 낼 수 있다.

자아와 타인
그리고 세상에 대한
인식은 몸의 감각으로써
존재한다.
이 세상을 제대로
알기 위해서는
먼저 자신의 몸부터
인식할 수 있어야 한다.

종교는 주관적인 관점에서
과학은 객관적인 관점에서 우리 현실을
지극히 부분적으로 경험한 후 형성된 문화적 신화다.

과학은 삶을 편안하게 해주고
영성은 삶을 값지고 의미 있게 만들어준다.

자기 이해는
최고로 고양된 형태의 지식이다.

아이처럼
순수한 마음을 가져라.
단순하게
현재를 살아라.
그러면 당신의 인생이
최고로 행복해질 것이다.

진정한
행복과 기쁨은
주변 상황에
좌우되지 않는다.

의식은 그 자체로 관찰자다.
그러므로 그 누구로부터도 유심히 관찰될 수 없다.

고통은 괴로움과 전혀 다른 성질을 가진다.
고통을 그대로 내버려두면
우리 몸은 자연적으로 그 고통에서 벗어나려 하고,
그 근본적 원인이 치유되는 순간
고통을 놓아준다.
괴로움은 우리가 애써 붙잡고 있는 고통과도 같다.
괴로움은 그것이 좋은 것이라고 믿거나
벗어날 수 없다고 믿거나
고통받아 마땅하다고 생각하는,
마음의 불가사의한 본능에서 비롯된다.

고요한 마음은
긍정적인 마음보다
훨씬 강하다.

눈에 보이지 않는 비가시적 실재는
눈에 보이는 모든 것의 근원이다.
그것은 자기 인식을 통해 알아차릴 수 있다.

신은 알아차리기 힘든 존재의 신비다.
결코 풀리지 않을 수수께끼이고 앞으로도 그럴 것이다.

세상은 곧 우리 자신이다.

내가 가진 무한한 가능성을 볼 수 있게 되면,
세상은 바로 나의 것이 된다.

희망과 절망은
마음의 상태에
불과하다.
<u>존재</u>는
그 모든 것을 초월해
완전히 자유롭다.

선함과 악함은
우리 마음의 상태가
외면으로 표출된 것이다.
악함은
오직 존재의 창조적인
요람으로부터만
극복될 수 있다.

위대함은 선택에 달려있다.

우리의 신체를 포함해
물리적 우주physical universe에 속하는 모든 특성은
결국 의식의 특성이다.

의식은
무한한 창조자이자
모든 차원을
아우른 경험자다.

내면의 힘self-power은
한낱 비판이나
얄팍한 아첨에
영향을 받지 않는다.

시간의 흐름이라는 것은 없다.
지금이라는 정지선을 둘러싼
경험의 흐름만이 존재한다.
지금이라는 시간에는 결코 끝이 없다.

지금이라는 시간에 모든 것을 내어줄 때
우리는 은총 속에서 고요히 걸어갈 수 있다.

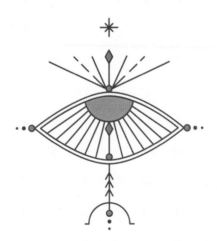

나 자신에게 딸
속한 것은 아
우리 모두 거
속해있기 때

것도 없다.

안 세상 속에

다.

돈이란 집합적 의식 속에서 통용되는
교환 가치를 의미한다.

부유함은 의식의 상태를 이른다.
돈은 그저 수치화된 상징에 불과하다.

죄인과 성인은
마음의 상태에 따라
나뉜다.
존재는 그 모두를
초월하는 것이다.

마음은 두뇌 속의 내용물을 모두 꿰뚫고 있지만,
마음에 담긴 내용물은 뇌 속에서 찾아볼 수 없다.

변화에 적응하는 유일한 방법은
그 속에 뛰어들어 함께 움직이고
춤추는 것이다.

나의 생각과 느낌, 감정과 반응을 유심히 살펴라.
그러고 나서 그 생각과 느낌, 감정과 반응을
관찰하는 이를 자세히 살펴보아라.

내면의 아름다움은 사랑의 빛이다.
당신 스스로 그 빛을 뿜어낼 때,
당신과 당신 주변 사람들이 모두 환하게 빛날 것이다.

평화는 오직 평화로운 마음을 가진
사람들에 의해서만 만들어질 수 있다.
사랑으로 가득한 세상은 진정한 사랑을
나누는 사람들에 의해서만 가능하다.

우리가 '현실reality'이라고
부르는 모든 것은
우리의 감각과
뇌의 구조를 통해
전해진다.
따라서 현실은
바로 우리 자신의
반향과도 같다.

현실에서
일어날 수 있는
모든 일은
이미 일어났거나,
현재 일어나고 있거나,
앞으로 일어날 일이다.

영원히 비가시적인 것이
일시적으로 가시적인 것처럼 비추어질 때가 있다.
보이지 않는 것이야말로 유일한 실재다.
우리가 창의적인 아이디어를 떠올릴 때마다
우주가 한 송이 장미와 거대한 천체를 창조했던 곳과
동일한 지점에 이르게 된다.

자기 인식은 최고로 고양된 지식이며
우리의 지식을 지혜로 다시 태어나게 한다.

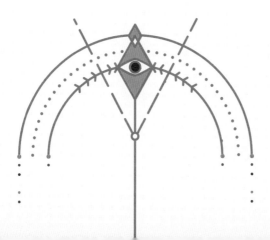

절망이 존재하지 않는다면
희망도 더는 필요치 않다.
존재는 희망과 절망 그 어느 쪽에도 좌우되지 않는다.

지식, 창의력, 아름다움에 대한
우리의 잠재력은 무한하니
그보다 덜한 것에 안주하는 것은 타협일 뿐이다.

세상에는
단 하나의
종교가 존재한다.
바로 사랑이라는
종교다.

깊이 호흡하라.

마음 새김의 시간
···필사 노트···

현실은
의식의 상태에 따라
제각기 달라진다.
현실을
바로잡으려면
먼저 내면을
들여다보라.

우리의 몸을 포함해
흔히 '세상'이라고 부르는 모든 것은
의식 안에 담긴 느낌과 이미지, 감정 그리고 생각이다.

우리의 몸을 찬찬히 살필 때
우리의 지난 과거가 눈앞에 펼쳐지게 된다.

딱딱한 논리 너머에
시가 있다.
아름다운 시 너머에
음악이 있다.
음악 너머에
춤이 있다.
춤 너머에는
그저 사랑뿐이다.

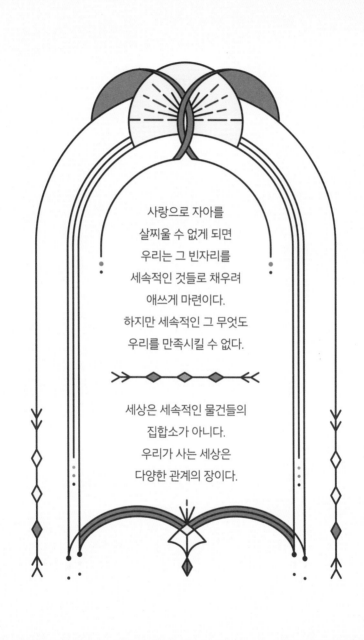

사랑으로 자아를
살찌울 수 없게 되면
우리는 그 빈자리를
세속적인 것들로 채우려
애쓰게 마련이다.
하지만 세속적인 그 무엇도
우리를 만족시킬 수 없다.

세상은 세속적인 물건들의
집합소가 아니다.
우리가 사는 세상은
다양한 관계의 장이다.

파도가 거대한 바다 전체의 움직임인 것처럼
당신 또한 우주의 에너지다.

스스로의 힘을 과소평가하지 말라.
우리 내면의 잠재력과 우주의 잠재력은
같은 영역에 존재한다.
파도와 바다가 하나인 것처럼,
우리와 우주는 같은 영역에 있다.

_____

_____

_____

_____

_____

_____

_____

_____

_____

겸손과 경외, 경이로움 그리고 기쁨은
시냅스 연결망 안에서 벌어지는
전기화학적 현상일 뿐 아니라
순수한 영혼의 자질이다.

이 세상 그 무엇도 존재하기를 멈추지 않는다.
죽음 역시 또 다른 창조적인 도약이 시작되기 전까지
잠재적인 영역 안에 잠시 머무르는 것에 불과하다.

우리에게 주어진 모든 순간은
길 위에 자국처럼 남는다.
그 길이 이어져
마침내 우리의 미래를 만든다.
바로 그것이 두려움을 극복하고
사랑을 택해야 하는 이유다.

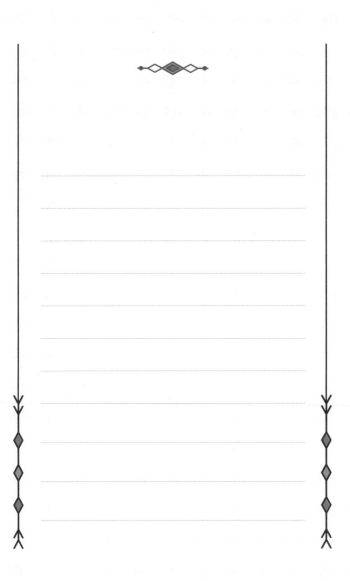

논리와 합리성은
과학의 정신을 대표하는 언어다.
사랑과 지혜는 영혼이 그려낸
한 편의 아름다운 시다.

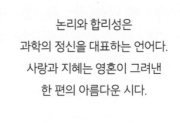

만약 당신이 마주하는 현실이
오직 이성적인 것으로 가득 차 감정이나
비이성적인 것이 들어설 공간이 없어지면
당신의 인간성은
불완전해지고 말 것이다.

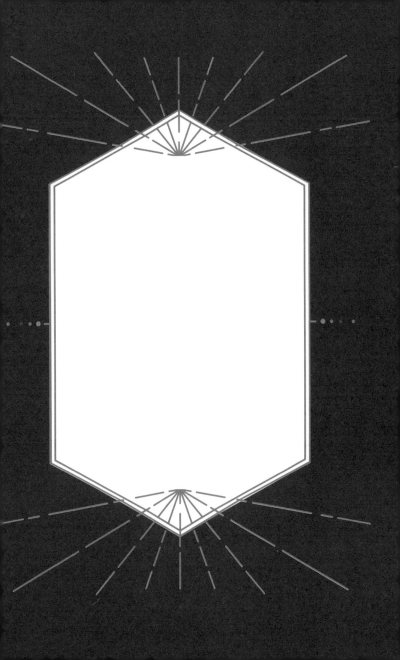

탐스러운 과일이 영글기까지는 오랜 시간이 걸리지만
떨어지는 것은 순식간이다.
깨우침도 비슷한 과정을 겪는다.
오랜 준비의 시간을 거쳐야만 진정한 깨달음에 이를 수 있다.

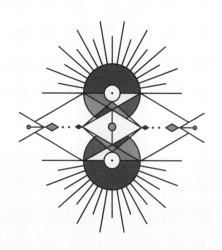

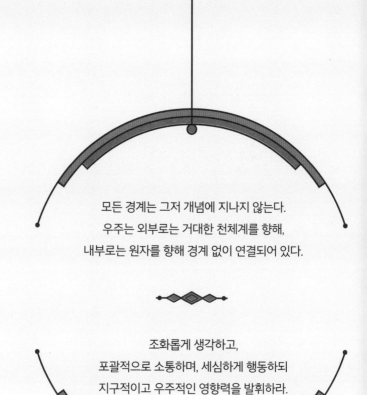

모든 경계는 그저 개념에 지나지 않는다.
우주는 외부로는 거대한 천체계를 향해,
내부로는 원자를 향해 경계 없이 연결되어 있다.

조화롭게 생각하고,
포괄적으로 소통하며, 세심하게 행동하되
지구적이고 우주적인 영향력을 발휘하라.

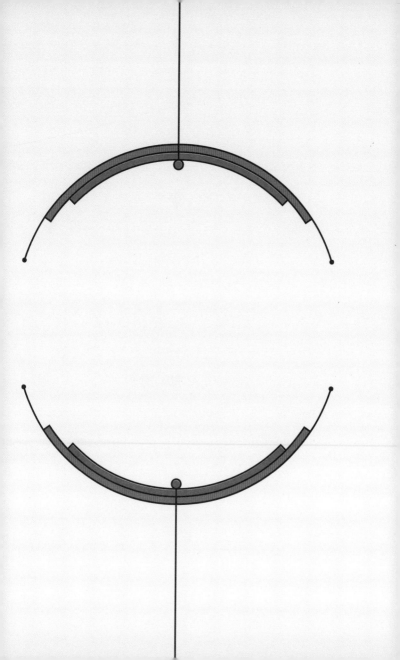

사방이 거울로 된 복도에 서면
멀리까지 한눈에 볼 수 있다.
온갖 사악한 존재와 장애물, 고통은
다름 아닌 가면을 쓰고 변장한 나 자신이다.

인간관계라는 복잡한 거울을 통해
나 자신의 모습을 볼 수 있다.

_____

_____

_____

_____

_____

_____

_____

_____

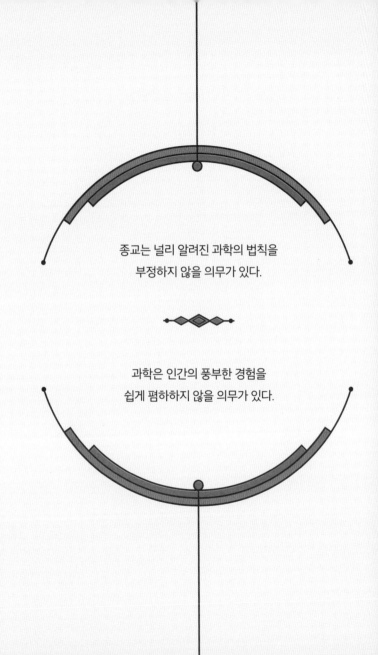

종교는 널리 알려진 과학의 법칙을
부정하지 않을 의무가 있다.

과학은 인간의 풍부한 경험을
쉽게 폄하하지 않을 의무가 있다.

순진한 아이가 되라.
모든 걸 놓아버리고
자연의 리듬이 나를
부드럽게 감싸도록 하라.
그러면 우주가 어디든
당신이 꿈꾸는 곳으로
데려다 줄 것이다.

우주에는 일정한 논제가 존재하지 않는다.
일단 우리가 어떤 결정을 내리고 나면
온 우주가 그에 따라 움직이게 마련이다.
정답도 오답도 존재치 않으며
그저 우리가 경험한 바에 따른 각자의 생각, 감정 그리고
행동에 따라 변화하는 일련의 가능성만이 존재할 따름이다.

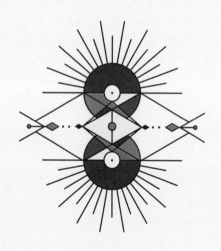

고통은 괴로움과 전혀 다른 성질을 가진다.
고통을 그대로 내버려두면
우리 몸은 자연적으로 그 고통에서 벗어나려 하고,
그 근본적 원인이 치유되는 순간
고통을 놓아준다.
괴로움은 우리가 애써 붙잡고 있는 고통과도 같다.
괴로움은 그것이 좋은 것이라고 믿거나
벗어날 수 없다고 믿거나
고통받아 마땅하다고 생각하는,
마음의 불가사의한 본능에서 비롯된다.

시간의 흐름이라는 것은 없다.
지금이라는 정지선을 둘러싼
경험의 흐름만이 존재한다.
지금이라는 시간에는 결코 끝이 없다.

지금이라는 시간에 모든 것을 내어줄 때
우리는 은총 속에서 고요히 걸어갈 수 있다.

절망이 존재하지 않는다면
희망도 더는 필요치 않다.
존재는 희망과 절망 그 어느 쪽에도 좌우되지 않는다.

지식, 창의력, 아름다움에 대한
우리의 잠재력은 무한하니
그보다 덜한 것에 안주하는 것은 타협일 뿐이다.

마음챙김의 순간

1판 1쇄 인쇄 2024년 5월 9일
1판 1쇄 발행 2024년 5월 29일

글 디팩 초프라 **일러스트** 코코리나 **옮김** 정윤희

발행인 양원석 **편집장** 차선화 **책임편집** 김재연 **디자인** 남미현
영업마케팅 윤우성, 박소정, 이현주, 정다은, 백승원 **해외저작권** 임이안

펴낸 곳 ㈜알에이치코리아
주소 서울시 금천구 가산디지털2로 53, 20층 (가산동, 한라시그마밸리)
편집문의 02-6443-8863 **도서문의** 02-6443-8800
홈페이지 http://rhk.co.kr **등록** 2004년 1월 15일 제2-3726호

ISBN 978-89-255-7501-8 (03180)